# El escondite de los plagios

*The Hideaway of Plagiarism*

MUSEO SALVAJE

Colección de poesía

———————————————

Poetry Collection

WILD MUSEUM

Luis Alberto Ambroggio

# EL ESCONDITE DE LOS PLAGIOS

*THE HIDEAWAY OF PLAGIARISM*

Nueva York Poetry Press®

Nueva York Poetry Press LLC
128 Madison Avenue, Oficina 2RS
New York, NY 10016, USA
Teléfono: +1(929)354-7778
nuevayork.poetrypress@gmail.com
www.nuevayorkpoetrypress.com

**El Escondite de los plagios**
*The Hideaway of Plagiarism*
© 2020 Luis Alberto Ambroggio

ISBN-13: 978-1-950474-36-3

© Traducción:
Silvia Raffti

© Contraportada:
Robert Pinski y Oscar Hijuelos

© Colección Museo Salvaje vol. 2
Homenaje a Olga Orozco

© Concepto de colección y edición:
Marisa Russo

© Cuidado de edición:
Francisco Trejo

© Diseño de portada:
William Velásquez Vásquez

© Diseño de interiores:
Luis Rodríguez Romero

© Pintura de interior:
Ella Ambroggio

Ambroggio, Luis Alberto
*El Escondite de los plagios / The Hideaway of plagiarism*. 1ra edi-- New York: Nueva York
Poetry Press, 2020. 128 pp. 5.25" x 8".

1. Poesía argentina. 2. Poesía latinoamericana.

*A mis padres, in memoriam,*
*de quienes copié la vida*

El plagio
es la forma más sincera
de la admiración.

JORGE LUIS BORGES

## EL ESCONDITE DE LOS PLAGIOS

Si la vida es un préstamo en la concepción del barbudo de Manhattan, qué más se puede pedir. En todo caso, verse o ver a otros en el espejo de los textos, ajenos o tuyos. Frente a la posibilidad de falsificar o reproducir creativamente como lo hizo el fantástico borgeano del cuento "Pierre Menard: Autor del Quijote" y tener que irme a la residencia infernal del Octavo Círculo, junto con otros confabuladores, falsificadores y ladrones (pretendo perseguir el arte mentiroso de poeta), me pregunto dónde se quedó la teoría aristotélica de la "mimesis", la imitación, que podría colindar con el así despectivo plagio. Aunque se defina como representación simulada con cierto distanciamiento, memoria, experiencia y deseo, que todos los seres humanos compartimos. Por supuesto, en esta complejidad equívoca de opciones, debería esconderme detrás de un seudónimo. O, quizás, acudir a la astucia de Harold Bloom y empezar a hablar de "influencias" que de algún modo afloran en estas escrituras. Jorge Luis Borges, rico de perplejidades y no de certezas como él mismo se definió, dijo astutamente que "si se me pidiera elegir el acontecimiento principal de mi vida, diría que fue la biblioteca de mi padre"; hay quienes sugieren reemplazar en esta afirmación el vocablo acontecimiento por influencia, salvándolo así de la auto-confesión en sus inquisiciones y duplicaciones.

# THE HIDEAWAY OF PLAGIARISM

If life is a loan in the conception of Manhattan's Bearded One, what else can be asked for? In any case, seeing oneself or seeing others in the mirror of the texts, someone else's or one's own. Before the possibility of forging, or creatively reproducing, as the fabulous Borgesian of the story "Pierre Menard: Author of the Quixote" did, and going to the infernal residence of the Eighth Circle, together with other conspirators, forgers, and thieves (pretending to chase the lying art of the poet), I ask myself where did the Aristotelian theory of "mimicking", imitation, that could join the contemptuous plagiarism, go; even if defined as a simulated representation with a certain distance, memory, experience, and desire, that all human beings share. Of course, in this confusing complexity of options, I should hide behind a pseudonym. Or, perhaps, make use of the cleverness of Harold Bloom and start talking of "influences" that, in a way, surface in these writings. Rich in perplexities and not in certainties, as he defined himself, Jorge Luis Borges cunningly said: "if I were asked to choose the main event of my life, I would say it was my father's library." Some suggest replacing event for influence in this affirmation, thus saving it from self-confession in its inquisitions and duplicates.

De la controversia, posible indignación, acusación y contienda, podríamos refugiarnos, al llevarlo a cabo o al haberlo sufrido, en el consuelo borgeano de que acaso sea cierto lo de que "el plagio es la forma más sincera de la admiración". Y, en referencia a este poemario, me apropio de la frase del ingenioso Enrique Lihn que cito literalmente y entre comillas "Si las páginas de este libro permiten algún verso feliz, perdóneme el lector la descortesía de haberlo usurpado yo previamente". El plagio es un recurso de vida. Se encuentra, según los críticos, en Cervantes, Shakespeare, más recientemente en Camilo José Cela, Carlos Fuentes, José Saramago, entre muchos otros. Su uso y abuso consagrado merecen nuestra consideración y cantar increíblemente en coro que "toda literatura es un plagio", como en la apologética de Borges cuando repite las palabras de Mary Shelley, quién afirmaba en 1821 que "todos los poemas del pasado, del presente y del porvenir, son episodios o fragmentos de un solo poema infinito, erigido por todos los poetas del orbe".

En conclusión, estoy como Kierkegaard, en el impulso de este preámbulo, escupiendo por la ventana, aunque sigo ilusionado con la idea de Einstein de ser voz más que eco.

From controversy, possible indignation, accusation, and argument, we could take shelter, in undertaking it or by suffering it, in the Borgesian consolation that it could perhaps be true that "plagiarism is the sincerest form of admiration." And, in reference to this collection of poems, I make use of the sentence of the ingenious Enrique Lihn whom I cite literally and in quotation marks "if the pages of this book allow a happy verse, may the reader forgive me the discourtesy of having usurped it myself previously." Plagiarism is a resource of life. It is found, according to critics, in Cervantes, Shakespeare, more recently in Camilo José Cela, Carlos Fuentes, José Saramago, amongst many others. Its consecrated use and abuse deserve our consideration, and to incredibly chant in a chorus that "all literature is plagiarism", as in Borges' apologetics, when he repeats the words of Mary Shelley, who in 1821 affirmed that "all the poems of the past, present, and future, are episodes or fragments of one unique infinite poem, erected by all the poets of the globe."

In conclusion, I am like Kierkegaard, in the impulse of this preamble, spitting out through the window, although I am still excited with Einstein's idea of being a voice rather than an echo.

## PAGO DE VIDA

Sólo abonaré el polvo,
el éxtasis del olvido.
No me cobren los días de sol
ni las noches de luna llena.
Jamás cantaré el himno del inconsciente
ni el conjuro del odio.

Luis Alberto Ambroggio

## PAYMENT OF LIFE

I would only pay for the dust,
the ecstasy of oblivion.
Do not charge me for the days of sun,
or the nights of full moon.
I will never sing the hymn of the unconscious,
nor the spell of hate.

## INMIGRANTE

Se enriquece con los océanos
y territorios del pasado.
Trae la energía de los vientos
que lo inspiran y construye
nuevas raíces de patria,
anclas y nidos.

Sus alas, manos de siembra
en la ansiedad de lo inesperado.
Hay nuevos hermanos, caines y abeles,
dentro del sudor y su futuro.
Pero despierta la esperanza
en fórmulas, surcos, ladrillos orgullosos.

Venas de sangre nueva
fermentan la humildad de la cosecha.
Crece en todas las páginas
de la historia, huesos, coros,
astros de oro en el horizonte.

Las sombras son calles ahora,
nombres de barrios que cantan
una melodía de logros sin epitafios.
Se han mezclado las horas del polvo
con el cielo, columnas de ultramares.

Luis Alberto Ambroggio

## IMMIGRANT

He enriches himself with the oceans
and territories of the past.
He brings the energy of the winds
that inspired him, and he builds
new homeland roots,
anchors, and nests.

His wings, sowing hands
in the anxiety of the unexpected.
There are new brothers, Keynes enables,
within the sweat and his future.
But it awakens the hope
in formulas, furrows, proud bricks.

Veins of new blood
ferment the humbleness of the harvest.
It grows in all the pages
of history, bones, corrals, and
stars of gold in the horizon.

The shadows are streets now,
names of neighborhoods that sing
a melody of achievements without epitaphs.
The hours of dust have mixed
with the sky, columns from abroad.

Anhelos renovados se erigen desde el antes
sin el sacrilegio del olvido;
sí, con la fidelidad del agradecimiento.

Despierta en cada parto.

Es un nosotros sin fronteras,
aunque se lo envuelva en el rechazo.

Luis Alberto Ambroggio

Renewed desires that rise from before,
without the sacrilege of oblivion;
yes, with the loyalty of thankfulness.

It wakes up in every birth.

In an us without borders,
even if it's wrapped in rejection.

## EL POEMA DE LA UVA

El vino siembra poesía en los corazones.

DANTE ALIGHIERI

El corazón del vino
enjuaga la vida,
mientras nos embriaga
bajo la luna cómplice
de quienes brindan
el aroma de los besos.

Las botellas se acarician
con el deseo
de mariposas blancas, rojas.
Magia de uvas rosadas,
multicolores,
transforman las almas,
derriten la soledad de la nieve
y el desencuentro.
Con sabores de fuegos
resucitan el canto.

Sol de tarde, sabor a edenes,
compañero de compañeros
ni agrio, ni amargo,
de los buenos que bendicen
con sus existencias
y nunca mueren.

Dios hizo el agua
pero su hijo sabiamente
la convirtió en vino.

## THE POEM OF THE GRAPE

> Wine sows poetry in hearts.
> DANTE ALIGHIERI

The heart of wine
rinses life,
while intoxicating us
under a moon, accomplice
of those who offer
the aroma of kisses.

The bottles are caressed
with the desire
of white and red butterflies.
Magic of rosy grapes,
multicolored,
transform the souls,
melt the loneliness of the snow,
and the disagreement;
with flavors of fire,
they resurrect the chanting.

Evening sun, taste of Eden,
companion of companions,
neither sour, nor bitter,
of the good ones that bless
with their existence
and never die.

God created water,
but his son, wisely,
turned it into wine.

## ENCRUCIJADAS PATÉTICAS

La vida se acaba poco a poco.
Se asoma lúgubre el cofre del ocaso.
La familia, los parientes, los amigos
ya se van para no volver,
sacrificados por el tiempo que vacía las casas.

Recuerdo
cuando
caminaba bien,
cuerpo no encorvado, erecto, sin manchas,
subía las escaleras sin miedo ni tambaleo.
Cuando
me cambiaba fácilmente los calcetines y otros tejidos,
corría y alcanzaba la pelota,
tocaba con mis manos la punta de los pies,
hacíamos el amor sin descanso.
Cuando
sonreía sin arrugas y el espejo me halagaba,
tenía el lujo de la abundancia de pelo
con su color original y constante.
Cuando
dormía toda la noche y la mañana,
miraba al horizonte inalcanzable
sin fecha de expiración cercana.
Cuando ...
nunca dejaba de olvidarme
y las repeticiones no me carcomían.

Luis Alberto Ambroggio

## PATHETIC CROSSROADS

Life fades bit by bit.
The twilight's chest appears lugubrious.
Family, relatives, friends,
they leave to never return,
sacrificed by the time which empties houses.


I remember
when
I walked well;
with the body not curved, erect, spotless,
I climbed stairs without fear or stagger.
When
I easily changed my socks and other garments,
I ran and reached the ball,
I touched with my hands the tips of my feet,
we made love without rest.
When
I smiled without wrinkles and the mirror flattered me;
I had the luxury of abundant hair,
with its original and constant color.
When
I slept all night and morning, and
I looked at the unreachable horizon
without a near expiration date.
When...
I never stopped forgetting
and repetitions would not eat me up.

Yo quiero a la vida entera,
de noche, de día, con la ventana
de colores y aires sin recortes.

Clarissa, no me seduce para nada
el acostarme con Doña Muerte
ni claudicar la temprana ilusión
de mis sueños imperdibles.
Dejaré mucho y no dejaré nada de vida;
solo el espíritu del amor y del recuerdo
que alienta la esperanza vivida del futuro.

Luis Alberto Ambroggio

I want the entire life,
night, day; with a colored window
and airs without trimmings.

Clarissa, it doesn't appeal to me at all
to lie down with Mrs. Death,
nor to give up the early hope
of my unmissable dreams.
I will leave much and nothing of life;
only the spirit of love and memory,
that encourages the already lived hope for the future.

## ATARDECER

Disfruté por un rato
sus rayos y ardor
prolongados en el agua
al caer boca arriba
con su sonrisa brillante
detrás de una nube negra
que quería sepultarlo.

Él se escapaba
como si jugara sonriente
y con toques de luz
le pintaba los costados a esa nube,
pétalos sueltos de blanco,
rosa y púrpura...
Incendiaba luego la cima de la montaña
y el horizonte agradecido.

Sentí que sólo un momento
dura la tristeza
mientras nos besen
los recuerdos.

Luis Alberto Ambroggio

## TWILIGHT

I enjoyed for a while
it's rays and heat;
prolonged in the water,
when they fell upside down
with their bright smile
behind a black cloud,
that wanted to bury it.

It would escape,
as if playing with a smile,
and with touches of light,
he painted the sides of that cloud,
loose petals of white,
pink and purple...
He would later burn the peak of the mountain
and the grateful horizon.

I felt that only one moment
does sadness last;
while we are kissed
by the memories.

El sol se esconde para aparecer
en otra parte o regresar
rompiendo la pena equivocada
con su inventario de vida,
después del misterio de la noche
que fermenta también
otras ilusiones y esperanzas.

Budapest, 11 de Julio de 2017

Luis Alberto Ambroggio

The sun hides to appear
somewhere else or to come back,
breaking the mistaken sorrow
with its inventory of life,
after the mystery of the night
that ferments, also,
other dreams and hopes.

Budapest, July 11th, 2017

## LA SABIDURÍA DEL RÍO

La algarabía de las gotas
se beben con el festejo de los ojos,
libro de palabras que corre
atraído por la brújula del océano.

Vivir para crecer en el infinito de las olas
y la profundidad de un despliegue vasto,
caja viva de sueños que susurran sin orillas.

La corriente lleva el principio y el fin
en un círculo indefinido y perenne.
El oscuro dogma de la fluidez,
ese lugar que existe en el río de Heráclito,
como palabra que en su cauce nos cautiva
con la contrariedad, la sabiduría de sus cambios,
al ser y no ser durante la inocencia de dos momentos.

Te copio Borges para sentirme el río que somos,
y agotar el absolutismo de las piedras, los decretos,
reconciliando el fluir numeroso de crepúsculos, amaneceres,
en la salvación mortal y eterna de vidas:
las que nos alimentan con la festividad de las aguas.

# THE WISDOM OF THE RIVER

The racket of the drops
are drunk with the festivity of the eyes,
book of words that runs
attracted by the compass of the ocean.

Living to grow in the infinity of the waves,
and the depths of a vast display;
live box of dreams that whisper without shores.

The current carries the beginning and the end
in an indefinite and perennial circle.
The dark dogma of fluidity,
that place that exists in Heraclitus river,
like a word that captivates us in its channel,
with the contrariety, the wisdom of its changes,
in being and not being the innocence of two moments.

I copy you, Borges, to feel like the river that we are,
and to exhaust the absolutism of the rocks, the decrees,
reconciling the numerous flows of crepuscules, dawns,
in the mortal and eternal salvation of lives:
the ones that feed us with the festivity of the waters.

# EL SOSIEGO AZUL

A Nicaragua, 2018. A sus ciudadanos asesinados
por el gobierno.

¿Quién pudiera ponerles
un poco de perfume o toque de cielo
a la siembra de tus palabras?

Un día más de vida
significa un día menos de muerte
que se alarga de todos modos
a pesar del azul de la esperanza.

Fastidia más la indiferencia
que la furia ante las redenciones
esas que ultrajan el celeste
de las banderas heridas,
seres de voces sin culpa
a merced de criminales.

Nicaragua, el epitafio de los ojos
gozará el color del día iluminado
sin nubes, sin desquicios de vientos,
sin seres nefastos, mentiras,
que manchen tu horizonte
con esa corrupción que carcome
el alma sana del pueblo
sepultándola con cruel hipocresía

Luis Alberto Ambroggio

## BLUE CALM

to Nicaragua, 2018. To its citizens assassinated
by the government.

Who could add
a bit of perfume or a touch of heaven
to the sowing of your words?

One more day of life
means one day less of death,
that prolongs anyway,
despite the blue of hope.

It's more annoying the indifference
that the fury before those redemptions
that insult the light blue
of the wounded flags,
beings of guiltless voices
at the mercy of criminals.

Nicaragua, the epitaph of the eyes
will enjoy the color of the bright day
without clouds, without the mayhem of winds
without terrible beings, and lies,
to stain your horizon,
with that corruption that eats away
the healthy soul of the people;
burying it with cruel hypocrisy

El sosiego del azul
en la poesía de tu tierra,
ternura de la vida,
en tus casas, calles, familias,
en las faldas de tus volcanes
el reflejo de tus lagos mansos,
el rostro de tus flores,
tu naturaleza nica
de madre hospitalaria,
que jamás desparezca.


Abril, 2018

Luis Alberto Ambroggio

The calm of the blue
in the poetry of your land,
tenderness of life,
in your houses, streets, families,
in the skirts of your volcanoes,
the reflection of your tame lakes,
the face of your flowers,
your Nica nature
of hospitable mother,
that should never disappear.


April, 2018

# REALIDAD

Al presidente que escupió
3001 mentiras en 466 días
(*The Chicago Tribune*)

Ahora se está viviendo
el poder de lo falso.
Las pelucas, los hábitos
ocultan el hecho
y otros indicios.
Se construye en la mentira.

Los mitos, los cánones,
las revelaciones, los decretos
nos ayudan a ilusionarnos
con algunas posibilidades
aunque, a veces, desnudan
el rostro del día y sus colores,
la creación de la historia,
creencias que se desmienten
con el aroma de los soplos
y pudren la inocencia.

Con Dante podríamos irnos
a la montaña del Purgatorio,
al cielo o al infierno de los sabios.

# REALITY

to the president who spat
3001 lies in 466 days
(*The Chicago Tribune*)

We are now living
the power of falsehood.
The wigs, the habits
that cover-up the fact,
and other evidences.
It is built on lies.

Myths, canons,
revelations, and decrees
inspire hopes
with some possibilities
although, sometimes, they uncover
the face of the day and its colors,
the creation of history,
beliefs that are refuted
with the aroma of the breeze,
and rot innocence.

With Dante, we could go
to the mountain of Purgatory,
to the heaven or the hell of the wise.

Que la ciencia nos salve
de las invenciones insanas
y otras celebraciones sin sentido;
marcan épocas de crueldad y de naufragio.
¡Dios nos libre de la Torre Trump de la desgracia!

Buscamos la respuesta sin partidos.
No la que practicó Hitler afirmando
que "en la grandeza de la mentira
siempre un elemento de credibilidad existe
para la amplia masa del pueblo"
y que este egocéntrico imita, repite cada día.

16 de Julio de 2018

Luis Alberto Ambroggio

Let science save us
from unhealthy inventions
and other senseless celebrations;
they mark epochs of cruelty and wreckage.
God save us from the Trump Tower of misfortune!

We look for the answer without parties.
Not the one Hitler practiced, affirming
that "in the greatness of lies
there always exists an element of credibility
for the vast masses of people,"
and that this egocentric imitates, repeats every day.

July 16th, 2018

## CONFESIÓN HÚMEDA

A las Stormy Daniels

Contrario a la agonía de los tiempos
me premia un sismo de amr
y el legado de los suspiros extasiados
no gritan estragos sino sonrisas de cielo sin temor.

Olas espirituales
para el azar del alma
que navega un sortilegio de ilusiones
en el mar de la vida libre.

Luis Alberto Ambroggio

## WET CONFESSION

to the Stormy Daniels

Contrary to the agony of the times,
a seism of love rewards me,
and the legacy of enraptured whispers
don't scream ravages but smiles of heaven without fear.

Spiritual waves
to raise the soul
that navigates a spell of hopes
in the sea of free life.

# INFLUENCIA

Y que no me digan
que no he dicho nada nuevo
PASCAL

Le agradezco a mi madre
la sabiduría de su leche;
a mi padre también
el oro de su presencia.

De la familia, maestros,
amigos, sus regalos compartidos
en las olas primitivas del tiempo;
las lecturas del sol, la luna,
la tierra y otras mitologías
de la naturaleza fértil
que se quemaron en mis letras.

Otros dirán que me asemejo
a cada una de esas brisas.
Parece no haber de nuevo nada
en los alientos repetidos,
nacimientos, parábolas, eventos.
Pero todos dialogan en el río
de la humanidad recreada
entre el amor y la muerte
sin otras referencias.

## INFLUENCE

                                    and do not tell me
                          that I haven't said anything new
                                                    PASCAL

I thank my mother for
the wisdom of her milk;
and my father also for
the gold of his presence.

Family, teachers,
friends, for their shared gifts
in the primitive waves of time;
the readings of the sun, the moon,
the land, and other mythologies
of the fertile nature
that burned in my letters.

Others will say that I am like
each one of those breezes.
It seems there is nothing new
in the repeated breaths,
birds, parables, events.
But they all converse in the river
of humanity re-created
between love and death
without any other references.

Me confunden igualmente
los significantes, significados
y un bosque de referentes
en el viaje de lo que fue
y de lo que deseo
mientras vivo sin compás
los libros de las bibliotecas.
¿Cuántas manos me habrán llevado
por el laberinto de la búsqueda,
de derecha a izquierda,
en las bifurcaciones del corazón,
las ideas, los hechos y otras rutas?

Caballero sin Quijote,
minúsculo estiércol en la Hierba de Whitman,
Harold Bloom, la sangre de mis venas,
acaso no repique del todo tus notas.
en la huella rebelde de esta metáfora.

Penetrado de raíces,
al fin de la enciclopedia
doy gracias sin angustia
a los que hicieron mi vida,
la anatomía de mi bienaventuranza,
en la primavera de los versos.

Denver, 1 de Julio de 2018

Luis Alberto Ambroggio

They confused me, the same,
the signifiers; meanings
in a forest of referents
on the journey of what it was
and of what I wish,
while I live without rhythm,
the librariess' books.
How many hands would have taken me
through the labyrinth of search,
from left to right,
in the bifurcations of the heart,
the thoughts the facts and other routes?

Knight without Quixote,
minuscule manure in Whitman's Grass,
Harold Bloom, blood of my veins,
perhaps will not completely play your notes
in the rebellious footprint of this metaphor.

Penetrated by roots,
at the end of the encyclopedia
I give thanks, without anguish,
to those who made my life,
the anatomy of my good fortune,
in the spring of the verses.

Denver July 1, 2018

# SALAMANCA

*Quod natura non dat, Salmantica non praestat*

Ocho siglos de sabiduría
se han derramado por el universo
desde el magistral patrimonio de tus aulas.

Hijo de la Docta, te celebro,
como símbolo de gracia,
raíz de talento, ilustradas conquistas,
humanismo más allá de los textos.

La historia de la humanidad
se forja en las cunas de tus claustros,
cátedras de nacimientos legendarios:
Cervantes y el Quijote, Colón y sus proyectos,
el derecho de los indios que nos pueblan.
Hernán Cortés, en su crueldad, acaso te ignoraba.

Son flores de tu jardín de iluminadas estrellas:
el nuevo lenguaje de Luis de Góngora,
Fray Luis de León huyendo del mundanal ruido,
la rebeldía de tu rector Unamuno que encarno
en las contradicciones, paradojas de la búsqueda.

## SALAMANCA

Quod natura non dat, Salmantica non praestat

Eight centuries of wisdom
have spilled throughout the universe
from the magistral heritage of your classrooms.

Son of Docta, I celebrate you
as a symbol of grace,
root of talent, illustrious conquests,
humanism beyond the texts.

The history of humanity
forages in the cradles of your cloisters,
chairs of legendary births:
Cervantes and the Quixote, Columbus and his projects,
the right of the Indians that inhabit us.
Hernan Cortes, in his cruelty, perhaps ignored you.

They are flowers in your garden of illuminated starts:
the new language of Luis de Gongora,
Fray Luis de Leon running away from the mundane noise,
the rebelliousness of your Dean Unamuno, who embodied
in the contradictions, paradoxes of the search.

Y las alas de tus estudiantes que volaron,
como el héroe de la independencia argentina,
Manuel Belgrano, entre otros, para liderar países,
desde las inspiraciones de tus enseñanzas.

Salamanca, ciudad, palabra, universidad,
origen de conocimiento, libros, mundos,
joyas del tesoro humano,
ícono de una historia compartida,
préstanos en cada paso del existir,
el cúmulo incesante de tu sabiduría.

And the wings of your students that flew,
like the hero of the Argentine independence,
Manuel Belgrano, amongst others, to lead countries,
from the inspirations of your teachings.

Salamanca, city, word, University,
origin of knowledge, books, worlds,
Jules of the human treasure,
icon of a shared history,
lenders in each step of existence,
the incessant heap of your wisdom.

## LA PAZ DE MI CIUDAD

La vivo en la plaza
en compañía de las palomas
al ritmo de las campanas
que celebran misas, festejos,
llamados de alegría,
y le sacan más brillo a los días,
aunque, a veces, lloren gotas de lluvia
o aromas de nieve delicada.

La paz es blanca,
como la inocencia nos acaricia
con el verbo amar y su conjugación eterna
que nos viste siempre de primavera.

La ciudad de mis ilusiones
también tiene una melodía blanca,
calles de felicidad compartida
con familia, amigos, vientos de frescura,
parques de recuerdos enamorados,
rumbo a la escuela, a los mercados
que curan el hambre del cuerpo, la mente,
alimentan las sonrisas de los sueños
hechos casas de cariño sin silencios,
donde los besos de lunas y amaneceres
multiplican los tiempos,
un futuro sin sombras enfermizas,
jardines de cielo.

## THE PEACE OF MY CITY

I live it in the plaza
in the company of pigeons,
to the rhythm of the bells
that celebrate masses, festivities,
calls of happiness
that make the days brighter,
although, sometimes, they cry raindrops
or the aroma of delicate snow.

Peace is white,
like the innocence that caresses us
with the verb to love, and its eternal conjugation
that always dresses us of spring.

The city of my dreams
also has a white melody:
streets of happiness shared
with family, friends, breaths of fresh air,
parks of enamored memories,
on the way to school or to the markets
that cure the hunger of the body, the mind,
and feed the smiles of dreams
turned into houses of love without silences,
where the kisses of moons and dawns
multiplied the times,
a future without ill shadows,
gardens of heaven.

Deseo que mi ciudad se siga edificando
en la geografía del amor y la paz,
sobre el vientre generoso de la tierra,
sin relámpagos de odio, crimen,
u otros vientos desprolijos.

I wish my city to continue building
in the geography of love and peace
over the generous womb of the land,
without bolts of hate, crime,
or other untidy winds.

# EL POEMA DE LOS SINES

Fascinan con su rapidez
los cortometrajes.

## 1. SIN MARCA

Lo bueno del perfume
es que no se pudre.

## 2. SIN PRONÓSTICO

Al dolor lo aguanto,
pero me intriga su mensaje.

## 3. SIN ALIENTO

Me muero en vida
corazón ya sin latido,
el sentido agotado.

## 4. SIN VERGÜENZA

He sido siempre imperfecto
pero he vivido el amor
en todas sus formas.

Luis Alberto Ambroggio

# THE POEM OF THE WITHOUTS

In their speed
the short films fascinate us.

## 1. WITHOUT A MARK

The good thing about perfume,
is that it doesn't rot.

## 2. WITHOUT PROGNOSIS

Pain, I can endure,
but   its message intrigues me.

## 3. WITHOUT BREATH

I die in life,
heart already without a beat,
and the senses exhausted.

## 4. WITHOUT SHAME

I have always been imperfect,
but I have lived love
in all its forms.

## 5. SIN INTERNET

No me borren para siempre
ni manden al cajón de basura
porque tengo alma y siento.

## 6. SIN FINAL

Bienvenido fertilizante de un nuevo comienzo.

## 5. WITHOUT INTERNET

Do not delete me forever
or send me to the garbage bin
because I have a soul and I feel.

## 6. WITHOUT AN END

Welcome fertilizer of a new beginning

## EL EPITAFIO DEL SUEÑO

Quisiera conquistar unos molinos
de manzanas inmortales
dando vuelta al paraíso
con un hechizo que conquiste
la caída y Eva me bese sin muerte,
princesa de las olas liberadas.

Quisiera espacios sin diablo,
monstruos, mutilaciones infelices
del terreno de los pasos
en la dulzura del tiempo.

Luis Alberto Ambroggio

## THE EPITAPH OF THE DREAM

I would like to conquer some mills
of immortal apples;
going around paradise
with a spell that would conquer
the fall and Eve would kiss me without death,
princess of the liberated waves.

I would like spaces without a devil,
monsters, unfortunate mutilations,
on the terrain of the steps
in the sweetness of time.

## BUENOS DÍAS, PLATÓN

Y te saludo, aunque nos echaras
de la República, esa de tus ideas,
por ser confabuladores frente al célebre
status quo de divinidades intocables.

Pero no te pudiste deshacer
de los corazones del pueblo
con vocabularios de alma,
que luchan espontáneos
contra el crepúsculo de los sueños
y la enfermedad de lo malvado,
sin falsedad en los papeles, las canciones,
las estrofas y sus ocurrencias,
por encima de las travesuras
del duende de la mentira.

El poeta quiere aullar la vida de todos,
desde el jardín hasta la cama,
con cada surco o ladrillo de sudor,
cima, desierto o valle del camino recorrido

Platón, más allá de Ion y el diálogo,
acaso seamos héroes inconclusos
de la búsqueda sin final de gloria.
Como poetas contamos siempre
la moraleja incierta del amor y de la muerte.

## GOOD MORNING, PLATO

And I salute you, even if you threw us out
of the Republic, that idea of yours,
for being conspirators in front of the celebrated
status quo of untouchable divinities.

You couldn't rid yourself
of the hearts of the people
with vocabularies of soul,
that fight spontaneous
against the crepuscule of dreams
and the sickness of evil,
without falsehood on the papers, the songs,
the verses, and their notions;
above the mischiefs
of the spirit of lies.

The poet wants to howl everyone's life,
from the garden to the bed,
with each groove or brick of sweat,
peak, desert or valley on the traveled path.

Plato, beyond the Ion and the dialogue,
perhaps we are the unfinished heroes
of the endless search of glory.
As poets we always tell
the uncertain moral of love and death.

Nos toca el amor, nos toca la muerte,
pero no podemos dejar de contar, Platón,
al margen de doctrinas y prescripciones,
la pasión que compartimos,
en la soledad calma de la rebeldía sabia.

No podemos dejar de contar
con sinceridad entusiasta,
los latidos de los ojos y los cuerpos
entre recuerdos, ilusiones,
imágenes y otros juegos diarios
de la fabulosa sorpresa del destino.

Luis Alberto Ambroggio

Love touches us, death touches us,
but we cannot stop counting, Plato,
doctrines and prescriptions    aside,
the passion that we share,
in the calm loneliness of the wise rebelliousness.

We cannot stop counting
with enthusiastic sincerity,
the palpitations of the eyes and the bodies
between memories, hopes,
images and other daily games
of the wonderful surprise of destiny.

## LAS ROSAS DEL FIRMAMENTO

En este atardecer
las nubes y el sol se conjugaron
para encerrarme
en un sueño florecido
de sábanas rojas
y de fuego.

Volaba hacia ellas
siempre lejos
siempre cerca,
caricias de hermosura
en el horizonte,
pinturas de cielo.

Rasgos de quimeras sonrojadas
que seducen a los ojos incrédulos.

## FIRMAMENT'S ROSES

In this sunset,
the clouds and the sun blended
to entrap me
in a blooming dream
of red sheets
and of fire.

I was flying to them,
always far,
always near,
caresses of beauty
on the horizon,
paintings of heaven.

Traces of blushing chimeras,
seductive to the incredulous eyes.

# LA PROFECÍA DEL MAR

A Alfonsina Storni

> ¿Quién es el mar, quién soy? Lo sabré el día
> Ulterior que sucede a la agonía.
> JORGE LUIS BORGES

Habitante libre de tus olas,
las gotas infinitas de tus aguas,
te llaman Lucifer, Satán,
pero Cristo milagrosamente te camina.

Vivo en el mar su argucia
y los saltos felices de mi infancia.

También recuerdo el mar de Alfonsina,
la casa tempestuosa de sus últimos cristales,
cuando decidió dormir eterna
y soñar con ramos de flores de coral.

Conozco las playas de Florida, el Pacífico y el Atlántico,
las del Golfo de México, las de Caribe y el Mediterráneo,
sonrisas de olas amigas, vaivenes de misterio,
que iban y volvían en su travesura.

# THE PROPHECY OF THE SEA

To Alfonsina Storni

"Who is the sea, who am I? I will know it in the day to come
that follows the agony"
JORGE LUIS BORGES

Inhabitant free of your waves,
the infinite drops of your waters,
the call you Lucifer, Satan,
but Christ miraculously walks you.

In the sea   I live its   scheme
and the happy jumps of my childhood.

I also remember Alfonsina's sea,
the tempestuous house of its last glasses,
when she decided to sleep eternally
and dream with bouquets of coral flowers.

I know the beaches of Florida, the Pacific and the Atlantic,
those of the Gulf of Mexico, the Caribbean and the Mediterranean;
smiles of friendly waves, comings and goings of mystery,
that left and came back in mischief.

Nunca pensé que fuesen tristes sus espumas, olas.
Siempre vi la luz en los labios de su forma,
estatuas juguetonas, recostadas,
con salpicones de estrellas
que surgían y se desmoronaban
en la gloria del movimiento entretenido.

Consciencia de inconsciente, el mar innumerable
redime con sus besos de amor y, a veces, de furia.

Galería fluída de metamorfosis, monstruos,
mitos recurrentes, dogma de apariciones,
ser de muchas preguntas,
aliado mágico de distancias, revelaciones.
sarcófagos y cielo acogedor de dioses,
Venus, barcas, peces y otros entes
en tu corazón brillante y oscuro.

Mar, el embeleso de tu amplitud y abismo
predice el ajetreo de nuestra existencia
entre vientos, arenas, sol, lunas
y otros arrullos de vida plena.

I never thought that its foams and waves, were sad.
I always saw the light in the lips of its shape,
playful statues, leaning,
sprinkled with stars
that appeared and fell apart,
and the glory of the entertaining movement.

Consciousness of the unconscious, the uncountable sea
redeems with its kisses of love and, sometimes, of fury.

Fluid gallery of metamorphoses, monsters,
recurrent myths, dogma of apparitions;
being of many questions,
magic ally of distances, revelations,
sarcophagi and welcoming heaven of gods,
Venus, boats, fish, and other beings
in your heart, bright and dark.

Sea, the enchantment of your vastness and abyss,
foretells of the hustle and bustle of our existence
between winds, sands, sun, moons,
and other murmurs of full life.

# EPIDEMIA DE FRÍO

Viento negro secreto que sopla entre los huesos
VICENTE ALEIXANDRE

Sus ojos ya no me miran.
Lejos el roce añorado de sus labios.
Las caricias no encuentran
la piel sedienta que las acoja.
Seres y horas ignoran mi existencia.
Soledad sin humedad de compañía.
Se labra desde adentro solo una sombra.
Indago en la nada las respuestas de la vida.
Han abandonado el aire las melodías y sus estrellas.
Ninguna flor ilumina mis pasos.
El silencio absorbe las propuestas de cariño.

Me taladran los huesos: un silencio de piedra,
el hijo que se muere, un amor que desaparece,
una tumba vivida de diversas formas
en el vacío congelado y sin luz de alma.

Pero Hemingway me aconseja
que "olvide mi tragedia personal".
Me vacuno contra la epidemia y renazco,
Retomo en mis venas la maravilla de ser,
(no me gusta del todo el "Born again").
pero sí que todos estos infortunios
nos proveen el material para construir
nuestro arte, en palabras de Borges,

## COLDNESS EPIDEMIC

Secret black wind that blows between the bones
VICENTE ALEIXANDRE

Her eyes no longer look at me.
Far the longed-for grazing of her lips.
The caresses don't find
the thirsty skin that welcomes them.
Beings and hours ignore my existence.
Loneliness without the humidity of companionship.
Carving from inside me only a shadow;
I search in the nothingness the answers of life.
The melodies and the stars have abandoned the air.
Not one flower illuminates my steps.
Silence absorbs the proposals of affection.

They pierce my bones: a stone silence,
the dying son, a love that disappears,
in a tomb lived in different ways,
in the dark frozen emptiness of the soul.

But Hemingway advises me
to "forget my personal tragedy."
I vaccinate myself against the epidemic and I am reborn,
I retake in my veins the wonder of being,
(I don't totally like "born again").
But all these misfortunes
provide us with the material to build
our art, in Borges's words,

así como se libera y cura la humanidad,
sin miedo, sin desesperación, sin callarse,
en las alas creadoras de las palabras
de aires, vuelo, realidades y familias.

Encarnar el milagro perenne de superar el frío
de la muerte y de la pérdida.
Aunque lo parezcan, las epidemias,
felizmente, nunca son eternas.

Luis Alberto Ambroggio

just as humanity liberates and cures itself,
without fear, without desperation, without keeping quiet,
on the creative wings of words,
of airs, flight, reality and families.

Embodying the perennial miracle of overcoming the coldness
of death and loss.
Against what they seem, epidemics,
happily, are never eternal.

## No a la muerte y sus trozos

Quiero existir sin dolores
con la pasión completa del cuerpo
sin distorsión en los párpados
ni el crujir de los huesos.

Estoy exigiendo al aire
con todo lo que tengo
que respire una vida plena
sin sombras de muerte.

Celebrar el amor sin derrumbes
de noche y de día, siempre,
ardiendo en búsquedas de sol
salud, fuerza, coitos, besos de compañía.

No quiero sentir la muerte
ni sus inflamaciones tristes.
El amor constantemente rejuvenece
la sangre de las voces y los pechos.

Tengo derecho a soñar
la realidad perfecta. Sí, lo tengo.
Y no me callaré jamás frente a los vientos
que quieran cambiar mi jardín de metas.

# No to Death and Its Pieces

I want to exist without pains,
with the full passion of the body,
without distortion of the eyelids,
nor the cracking of the bones.

I demand the air,
with all I have,
to breathe a full life
without the shadows of death.

Celebrate love without collapses,
day and night, always,
burning in searches for the sun,
health, strength, coitus, and the kisses of company.

I don't want to feel death,
nor its sad inflammations.
Love constantly rejuvenates
the blood of the voices and breasts.

I have the right to dream
the perfect reality. Yes, I have it.
And I will never keep quiet before the winds
that want to change my garden of goals.

# EL POETA

La sintaxis, como el sexo, es íntima
MAXIME KUMIN

Entrega con pasión las palabras al aire
para vivir en el hueco de la luz
y más allá de los puntos suspensivos
danzar con el viento y sus aves
o con esas almas que se encuentran palpitando
en busca de algo, de un beso en la delicia.

No convoca a mariposas, pero sí pretende
darle rebeldía de vida al silencio atraído
por la sangre del deseo en una cifra
que sea eterna y le arranque
el vacío y su lamento.

# THE POET

He gives, with passion, words to the air,
to live in the hollowness of light
and beyond ellipses;
to dance with the wind and its birds
or with those soul that that palpitate,
looking for something, for a kiss in delight.

He does not summon the butterflies, but tries
to give the rebelliousness of life to the silence; attracted
by the blood of desire in a figure
that could be eternal and could rip
the emptiness and his lament.

## EL SIGNO DE LA VENTANA

El corazón se asoma en mis ojos
para ver el mar de la promesa,
un amanecer de adivinanzas
y la sangre ardiente del crepúsculo
floreciendo en los pálpitos de las calles
presagio de una noche feliz
con calor de compañía.

Abro sus cristales desde la infancia,
sin miedo a las lluvias que insisten
con la sonrisa de sus aguas
o las enredaderas atrevidas
trepando los espacios del destino.

A través de ella siempre he visto la aldea
de las ilusiones con aire de luz y vida.
Brújula del tiempo apetecido
rumbo a los paisajes del cielo.
Me saludan los árboles con las lenguas
de sus hojas palpitantes y otros trinos
telegramas de existencia.

Guardo todo ello cuando la cierro
para acostarme en la generosidad
de los recuerdos… Hasta mañana.

Luis Alberto Ambroggio

## THE SIGN OF THE WINDOW

The heart appears in my eyes
to see the sea of promise,
a dawn of riddles
and the burning blood of the crepuscule,
blooming in the beats of the streets,
sign of a happy night
with the warmth of company.

I open its panes since childhood,
without fear of the rains that insist
with the smile of their waters,
or the daring vines
climbing the spaces of destiny.

Through it, I have always seen the village
of hopes with the air of light and life.
Compass of the fancied time
towards the landscapes of heaven.
The trees greet me with the tongues
of their palpitating leaves, and other trills,
telegrams of existence.

I keep all of it when I close it
to lie down in the generosity
of memories… Good night.

## VENDAVAL DE LA PLUMA

A mis amigos poetas y escritores, Pablo Neruda y
Elena Poniatowska,
con quienes me une el ferrocarril de mi abuelo.


Con los giros del alma
se escribe el mapa íntimo
y la búsqueda del absurdo
en el infinito inexacto
de las posibilidades.


Galopes de versos oscuros
o brillos de estrellas sin firmamento,
lluvias aletargadas
desde nubes de ideales
y desencantos.


Pájaros, amigos, cantores de sueño,
ilusos virginales, alondras,
palabras de cadáveres
que con amor traicionan la muerte,
¡Federico!
¡Borges!
 ¡Whitman!
¡Vallejo!
 ¡Gabriela!
¡Darío!
¡Alejandra!
torrentes de lumbres
deshojadas en millones de abismos
con hambre de alas.

Luis Alberto Ambroggio

# THE GALE OF THE PEN

> to my friends poets and writers, Pablo Neruda
> and Elena Poniatowska,
> to whom I am united through my grandfather's railroad.

With the turns of the soul
it is written, the intimate map
and the search for the absurd,
in the inexact infinite
of possibilities.

Gallops of dark verses
or the brilliance of stars without firmament,
lethargic rains
from clouds of ideals
and disenchantment.

Birds, friends, singers of dreams,
virgin dreamers, larks,
words of cadavers
that with love betray death,
Federico!
Borges!
Whitman!
Vallejo!
Gabriela!
Dario!
Alejandra!
Torrents of fire,
leafless in millions of abysses,
starving for wings.

Aquí el corazón se nutre
de sol, entre éxtasis y preguntas,
en el mar del vuelo,
el bosque de los dioses,
el beso de la flor.
¡Te amo, Maravilla!


Denver, 11 de Diciembre de 2018

Luis Alberto Ambroggio

Here the heart nourishes itself
with sun, between ecstasy and questions,
in this sea of flight,
the forest of the gods,
the case of the flower.
I love you, Wonder!


Denver, December 11th, 2018

# EL ENIGMA DEL REQUIEM

A Alejandra Pizarnik, Paul Celan,
Silvia Plath, Alfonsina Storni, Mercedes
Carranza, Francisco Udiel Ruiz y otros
poetas que conocí antes de suicidarse.

¡Qué fracaso tan alto contra el sueño!
EUNICE ODIO

Les duele el alma y no saben por qué,
desearían ser abandonados en un hueco supremo.
Sus padres muertos sin santidad de festejo.
Sentían tormentos de sangre en perennes crepúsculos.

Corazones despedazados digerían ruinas,
lluvias de tristezas y desalientos.
Creían estar caminando por un sótano de rechazos,
el polvo de un terror encarnado.

Sufrían los robos de quienes se especializan
en quitar alegrías, logros, sembrar llagas de penurias.
Se fugaron las simpatías en el parque de los inviernos,
caligrafía de un olvido inexplicable.

No podían agarrarse de Dios porque había muerto
ni de otras melancolías alentadoras,
menos aún del amor que había consumido
el monstruo de los desprecios.

# THE ENIGMA OF THE REQUIEM

> To Alejandra Pizarnik, Paul Celan,
> Silvia Plath, Alfonsina Storni, Mercedes
> Carranza, Francisco Udiel Ruiz and other
> poets that I met before they committed suicide.

> What a terrible failure against the dream!
> EUNICE ODIO

Their souls hurt and they don't know why,
they wished to be abandoned in a supreme space.
Their parents dead without the sanctity of the festivity.
They felt the torment of blood in perennial crepuscules.

Hearts torn to pieces digested ruins,
rains of sorrows and discouragements.
They believed to be walking through a basement of rejections,
the dust of an embodied terror.

They suffered the robberies of those who specialize
in stealing happiness, achievements, sowing blisters of sorrows.
The sympathies in the park of winters escaped,
calligraphy of an inexplicable oblivion.

They couldn't hold on to God because he had died,
nor on to other encouraging melancholies,
even less the love that had consumed
the monster of disdain.

Desapareció la compañía, el abrazo.
Se borraron las musas. Ya no los tocaban los ojos,
vientos de bosque, labios, manos ni palabras.

Vivía en sus mentes el cuervo de una pesadilla
rumbo al aniquilamiento, el preámbulo
de la total ausencia, el desamparo del silencio,
las amarguras de abejas desconcertadas.

Solo el suicidio les regalaba una noche apetecida.

Luis Alberto Ambroggio

The company disappeared, the embrace.
The Muses were erased. The eyes no longer touched them,
the forest winds, lips, hands nor words.

It lived in their minds, the crow of a nightmare
towards annihilation, the preamble
of total absence, the neglect of silence,
the bitterness of bewildered bees.

Only suicide granted them a fancied night.

## DESDE LA VENTANA DEL DESEO

Ver el mundo solo así
con las palabras del sol,
la sonrisa de las montañas,
el acento verde de los árboles,
una ciudad activa y tranquila,
como la paz generosa del aire.

Miro la belleza de lo que no se ve
mientras me seduce la belleza de lo que veo:
una lluvia de luz,
flores que entran por la ventana,
una juventud que camina
el ejercicio de las ilusiones.

Denver, 10 de Junio de 2019

Luis Alberto Ambroggio

## FROM THE WINDOW OF DESIRE

To see the world just like this,
with the words of the sun,
the smile of the mountains,
the green accent of the trees,
an active and tranquil city,
like the air's generous peace.

I look at the beauty that cannot be seen,
while I am seduced by the beauty of what I see:
a rain    of light,
flowers that enter through the window,
a youth that walks
the exercise of hopes.

Denver June 10, 2019

# LA REALIDAD DE LAS SOMBRAS

En todo estás y eres todo,
para mí y en mí misma moras,
nunca me abandonarás,
sombra que siempre me asombras.
ROSALÍA DE CASTRO


Es curioso pensar
que no existen para nada
en su presencia continua.
Persiguen a los seres
con la astucia silenciosa de su copia,
como deberíamos nosotros sabiamente
seguir en nuestros pasos
el corazón y sus alientos,
bajo el espíritu del sol.

No son máscaras de nadie.
Caminan ante los ojos abiertos
de quienes las admiran.

Disfrutamos la generosidad de ciertas sombras;
salimos liberados de otras.

Sombra negra, la han llamado.
Danzan al ritmo de Sol y Sombra.
Ahora Sombra es un héroe que triunfa
infiltrando a los poderosos.
Nos predican que vivimos bajo la sombra
del Omnipotente y también de Satanás.

Luis Alberto Ambroggio

# THE REALITY OF THE SHADOWS

> you are everywhere and you are everything,
> for me and in myself you inhabit,
> you will never abandon me,
> shadow that always astonish me.
> ROSALÍA DE CASTRO

It is odd to think
that they do not exist at all
in their continuous presence.
They chase beings
with the silent guile of their copy,
as we should wisely
follow in our steps
the heart and its breaths,
under the spirit of the sun.

They are no one's masks.
They walk before the open eyes
of those who admire them.

We enjoy the generosity of certain shadows;
we come free from others.

Black shadow, they have called it.
They danced to the rhythm of Sun and Shadow.
Now shadow is a hero that triumphs,
infiltrating the powerful ones.
The preachers that would leave under the shadow
of the Omnipotent and of Satan also.

¿Por qué hay sombras que causan miedo?

¿Por qué actúan sombras y viven,
agradable o tristemente,
en las alas del recuerdo?

Luis Alberto Ambroggio

Why are there shadows that cause fear?

Why do shadows act and live,
happily, or sadly,
on the wings of memory?

# ODA AL DUENDE

No lo busquen en el abrazo del sarcófago
sino en la vida increíble de lunas sin fronteras,
agitándose entre las palabras a través de los mares
que alimentan la humanidad de los que sueñan
por encima de los naufragios, entierros
y otras inutilidades de los límites.

Miedo, incógnita, aparición que sorprende
y en lo inesperado del susto fascina.
Provoca  la búsqueda más allá de la aflicción
el atractivo de su malévola elegancia huidiza
presencia y aroma de ausencia intrigante.

Te canto, duende, en el flamenco de mi casa,
magia de la inspiración que creas ruidos
en las paredes espirituales de nuestras obras,
tu diablura complicada.
Añoro y no añoro la emoción mítica
de tu oscuro peligro y desafío.
Con Lorca lucho.
Con Borges te admiro.
Te encuentro sin buscarte.

Luis Alberto Ambroggio

## ODE TO THE SPIRIT

> the true fight is against the spirit
> FEDERICO GARCIA LORCA

Do not look for it in the embrace of the sarcophagus,
but in the incredible life of moons without borders,
shaking between the words through the seas
that feed the humanity of those who dream
beyond the shipwrecks, burials
and other uselessness of limits.

Fear, mystery, apparition that surprises
and, in the unexpectedness of fear, fascinates.
It triggers the search beyond affliction,
the attractiveness of its elusive malevolent elegance,
presence and aroma of intriguing absence.

I sing to you, spirit, in the flamenco of my house,
magic of the inspiration that creates noises
in the spiritual walls of our works,
your complicated mischief.
I miss and I do not miss the mythical emotion
of your dark danger and challenge.
With Lorca I fight.
With Borges I admire you.
I find you without searching.

## DECLARACIÓN DEFINITIVA

He muerto pero sigo viviendo en el amor de los recuerdos.
Para qué tirarle piedras a la vida, que, aunque imperfecta,
es todo: carne, alma y compañía.

Perdono y pido perdón
por cada uno de los poros que me quedan;
es el aire que respiro con la sonrisa pueril
del prodigio sin pensamientos,
como colibrí, mariposa, u otra ocurrencia
del destino eterno
descifrando los vaivenes de la dicha.

Luis Alberto Ambroggio

## DEFINITIVE DECLARATION

I have died, but I live on in the love of memories.
Why throw stones at life, that although imperfect,
is everything: flesh, soul and company.

I forgive and ask forgiveness
through each one of the pores I have left;
it is the air that I breathe with a childish smile
of the prodigy without thoughts,
like a hummingbird, butterfly, or any other idea
of the eternal destiny,
deciphering the comings and goings of joy.

## SINTIENDO POSIBILIDADES COPIOSAS

¿Será que uno perdura por las repeticiones?
¿Y que, acaso, Dios mismo se multiplica
al hacernos a su imagen y semejanza?

Intriga la dimensión mística del plagio.

## FEELING COPIOUS POSSIBILITIES

Could it be that one lives on through repetitions?
And that, perhaps, God himself multiplies
in making us in his image and likeness?

Intriguing the mystical dimension of plagiarism.

## ETERNIDAD

Si mañana muriera,
no sucumbas al vacío.
Tenme en las palabras de vida
de nuestros hijos,
dentro tuyo,
en mis versos, melodías, sentimientos,
fotos y dibujos
de vuelos enardecidos.

Estamos juntos
en el amor eterno,
una conjunción de paz
y de compañía presentes
en el caminar del tiempo,
experiencias y memorias,
de nuestros sueños compartidos.

Allí sigo, sin irme.
Encuéntrame en ti,
en cada uno de nuestros retoños,
dichosa sangre florecida,
en estos amaneceres
de una bendición perpetua.

Jamás me busques
en el hueco del olvido.
Reencarnado estoy
en el día completo
de los que nunca mueren.

Luis Alberto Ambroggio

# ETERNITY

If I died tomorrow,
do not succumb to the void.
Keep me in the words of life,
of our children,
inside yourself,
in my verses, melodies, sentiments,
photographs, and drawings
of stirred flights.

We are together
in eternal love;
a conjunction of peace
and the company of presents
in the walk of time,
experiences, and memories
of our shared dreams.

I am still there, without going.
Find me in yourself,
in each one of our babies,
fortunate blooming blood;
in these dawns
of a perpetual blessing.

Never look for me
in the hollowness of oblivion.
Reincarnated I am,
in the complete day
of those who never die.

**Luis Alberto Ambroggio** nació en Córdoba, Argentina. Es miembro de la ANLE, Real Academia Española, calificado por la Casa de América como *"Representante destacado en la vanguardia de la poesía hispanoamericana en los Estados Unidos"*. Autor de más de 25 libros de ensayos, narrativa, poemarios, entre ellos: *El arte de escribir poemas* (2009), *Estados Unidos Hispano (2015), Los habitantes del poeta (1997), Laberintos de Humo (2005), La desnudez del asombro (2009), Difficult Beauty (2009), La arqueología del viento* (2011; 2013 International Latino Best Book Award), *Homenaje al Camino* (2012), *Todos somos Whitman* (2014), *En el Jardín de los vientos. Obra Poética 1974-2014. Principios Póstumos (2018).* Antologías: *Al pie de la Casa Blanca. Poetas hispanos de Washington, DC* (2010), *Antología de los poetas laureados estadounidenses (2018).* Traducido a 12 idiomas, con premios y reconocimientos, como el Premio Simón Bolívar, la Beca *Fullbright Hays,* la Orden de los Descubridores de la Hispanic National Honor Society, Doctorado Honoris Causa Tel-Aviv, Israel, Medalla Trilce, Universidades de Trujilo y Brigham Young University. Declarado Hijo Adoptivo de la ciudad natalicia de César Vallejo. Sobre su obra, seleccionada para el Archivo de Literatura Hispano-Americana de la Biblioteca del Congreso, se han escrito ensayos, artículos y libros, entre ellos, *El cuerpo y la letra* (Mayra Zaleny Ed.: 2008), *El exilio y la Palabra. La trashumancia de un escritor argentino-estadounidense* (Rosa Tezanos-Pinto Ed.: 2012

## ABOUT THE AUTHOR

**LUIS ALBERTO AMBROGGIO** is an internationally known Hispanic-American poet, born in Argentina and re-born in the USA. He is the author of twenty collections of poetry, essays, and short stories published in Argentina, Costa Rica, Mexico, Nicaragua, Spain, and the United States, amongst them *We are all Whitman* (University of Houston, Arte Público Press). His poetry has been translated into several languages and has been selected for the Archives of Hispanic Literature of the Library of Congress. Ambroggio has received numerous awards and recognitions such as the *Fulbright-Hays Award, Simón Bolívar award, Trilce* Medal from Instituto Vallejiano, Order of the Discoverers, the Abraham Lincoln Medal and the Excellence Award from the Washington D.C. Region for his literary and philanthropic contributions. He was nominated for the prestigious *Reina Sofía* Poetry Award in 2015. Ambroggio holds the honor of having been appointed a member of the Royal Academy of the Spanish Language, North American Academy of the Spanish Language and PEN, the world's oldest Human Rights organization and the oldest international literary organization.

.

# ÍNDICE

## El escondite de los plagios
## *The Hideaway of Plagiarism*

# Colección
# TRÁNSITO DE FUEGO
### Poesía centroamericana y mexicana
(Homenaje a Eunice Odio)

Colección
# MUNDO DEL REVÉS
**Poesía infantil**
(Homenaje a María Elena Walsh)

1
*Amor completo como un esqueleto*
Minor Arias Uva

2
*Del libro de cuentos inventados por mamá*
*La joven ombú*
Marisa Russo

\*\*\*

Colección
# SOBREVIVO
**Poesía social**
(Homenaje a Claribel Alegría)

1
*#@nicaragüita*
María Palitachi

\*\*\*

Colección
# CRUZANDO EL AGUA
**Poesía traducida al español**
(Homenaje a Sylvia Plath)

1
*The Moon in the Cusp of My Hand /*
*La luna en la cúspide de mi mano*
Lola Koundakjian

# Colección
# PARED CONTIGUA
**Poesía española**
(Homenaje a María Victoria Atencia)

1

*La orilla libre / The Free Shore*
Pedro Larrea

2

*No eres nadie hasta que te disparan /*
*You are nobody until you get shot*
Rafael Soler

\*\*\*

# Colección
# LABIOS EN LLAMAS
**Poesía emergente**
(Homenaje a Lydia Dávila)

1

*Fiesta equivocada*
Lucía Carvalho

2

*Entropías*
Byron Ramírez Agüero

3

*Reposo entre agujas*
Daniel Araya Tortós

Para los que piensan, como Ricardo Yáñez, que "la palabra necesaria es la que sabe callar", este libro se terminó de imprimir en junio de 2020 en los Estados Unidos de América.